7つの習慣

「7つの習慣」クイックマスター・シリーズ

Habit 6

第六の習慣:相乗効果を発揮する

協力する力

フランクリン・コヴィー・ジャパン 編著

あなたはチームワークを発揮しているか?
一人ではできない「協力する力」を身につける。

- 1+1=3以上?
- 違いがあるから相乗効果が出る
- チームワークということ

「協力する力」を
身につけるための
演習ページ付

キングベアー出版

はじめに

「7つの習慣」は、キングベアー出版より『7つの習慣　成功には原則があった！』として日本で紹介されてから、すでに10年の月日がたとうとしています。その間、120万部近くの大ベストセラーかつ超ロングセラーとなり、今なお多くの方々に広く読み継がれています。

また、『7つの習慣　最優先事項』『7つの習慣　ファミリー』『7つの習慣　原則中心リーダーシップ』他、多くのシリーズ書籍が発刊され、『7つの習慣』と同様、多くの方に愛されてきました。

「7つの習慣」は、書籍にとどまらず、企業や個人の枠を超え、人材教育、リーダーの育成、あるいは自己啓発の一環として研修やセミナー、講演活動や勉強会など、多方面にわたって活用されてきました。ビジネス社会を乗り切るための単なるスキルやテクニックだけではなく、個人の「リーダーシップ」を発揮させることで、組織を活性化していくという独自のアプローチを持つ企業研修として、「7つの習慣」は独自の地位を築いてきました。

今でも、フランクリン・コヴィー社を通じて、日本だけでも毎年数万人の方が「7つの習慣」に触れ、企業の組織活性化、個人の能力開発に役立てています。「7つの習慣」の魅力は、何といっても、学び続けることができる奥深さと、環境の変化、立場の違いに全く影響されない幅の広さを兼ね備えていることです。子どもたちをはじめ、学生、主婦、そしてビジネスにおいては新入社員から経営者まで、幅広い方々に何度も何度も繰り返し読み続けられている事実が、「7つの習慣」というコンテンツのたぐいまれなパワーを何よりも雄弁に物語っているでしょう。

この『7つの習慣　クイックマスター・シリーズ』は、その「7つの習慣」を七冊に分割し、それぞれの習慣ごとに、一つの習慣を通して得られる力、エネルギーをわかりやすく解説していくもので、本書「協力する力」では「第六の習慣：相乗効果を発揮する」を学びます。

これまで、興味はあったけれどとっつきにくい印象を持っていた人や、読んではみたものの途中で挫折してしまった人、もう一度しっかり考えを整理してみたい人、いきなり分厚い『7つの習慣』を読むことに抵抗がある人……などに向けて、どこからでもいつでも読んでいただけるように構成されています。

「7つの習慣」クイックマスター・シリーズ

相乗効果を発揮する　協力する力

「７つの習慣」とは

“ 人は、一人ではほとんど何もできないけれど、力を合わせれば、
多くのことができる。 ”

ヘレン・ケラー

「7つの習慣」の生い立ち

「7つの習慣」は、当時、組織や企業におけるリーダーシップ研究を行っていた、スティーブン・R・コヴィー博士がアメリカ建国200年をきっかけに、「成功に至る原則」を研究したことから生まれました。

コヴィー博士は、200年分の成功に関する文献、論文を徹底的に調査した結果、建国から約150年と第一次世界大戦を前後とする最近の約50年間では、全く内容が違っていたそうです。

最近の50年間の特徴としては、仕事や生活における悩みや課題は表面的なものになり、成功するには、テクニックや応急処置的な対応で事足りるという内容が多かったそうです。つまり、力を発揮するための戦略、イメージづくり、コミュニケーションの手法、プラス思考、影響力を与える演出といったことが強調されており、コヴィー博士はこういったアプローチを「個性主義」と呼んでいます。

スティーブン・R・コヴィー
フランクリン・コヴィー副会長。ハーバード大学でMBAを取得後、ブリガム・ヤング大学で博士号を取り、同大学の組織行動および経営管理の教授を務めた。その後、フランクリン・コヴィー社にて、長年経営コンサルタントとして活躍している。著書の『7つの習慣　成功には原則があった!』『7つの習慣　ファミリー』『7つの習慣　最優先事項』『第8の習慣「効果」から「偉大へ」』は、いずれもベストセラーになっている。

それに対して、最初の150年の内容は、誠意、謙虚、誠実、勇気、正義、勤勉、節制などが成功の条件として取り上げられており、生きていく上での原則をどのように自分の中に取り入れるかという努力を重視した物語が中心だったといいます。このようなアプローチを、先ほどの「個性主義」に対して「人格主義」と呼んでいます。

ちょうどその頃、コヴィー博士には学校生活に悩む息子さんがいたそうです。そして、この研究を進めるにつれ、それまで自分の息子に行っていたことがまさに応急処置的な対応であったことに気づき、手法ではなく、息子の本質、独自性、本来の価値について考え始めた結果、やがて息子さんも見事な成長を見せたということです。

もちろん、コヴィー博士はテクニックやスキル、戦略的なアプローチが不要だといっているわけではありません。ただ、あくまでそういったことは二次的なことであり、重要なことは、人との信頼関係を構築する人格的な土台であり、土台がないところでいくらテクニックを使っても長期的に機能することはないと語っているのです。

✍「7つの習慣」はこの一次的な土台を形成するためにまとめられ、集約されたものであり、それゆえに普遍的なものとして認知されてきたのです。

「7つの習慣」の全体像…成長の連続体

「7つの習慣」を表すモデル図に「成長の連続体」というものがあります。この図にあるように、依存から自立、自立から相互依存へと、順次連続しながら成長していくシステムを表現しています。

依存とは「あなた」のパラダイム、あなたが私の世話をする。

自立とは「私」のパラダイム、私は自立している。

相互依存とは「私たち」のパラダイム、私たちならできる。

依存状態から相互依存の状態に至り、互いの才能や能力を合わせれば、より素晴らしい何かをつくり出すことができるようになります。「7つの習慣」はその域に到達することを目指しているのです。

今あなたは成長の連続体のどこにいますか？　ここで少し時間をとって、自分がどこに、そしてなぜそこにいるのかを考えてみましょう。どのような行動や態度がこの連続体のステージ上に表れていますか？　あなたが今どこに力を注ぐべきかわかってきましたか？

あなたは現在、どのあたりにいると思いますか？成長の連続体の図の中に印をつけてみましょう。そしてしばらくたったあと、もう一度、どこにいるのかを考えてみましょう。

相乗効果を発揮する

協力する力

この本は、この成長の連続体の中で、「第六の習慣：相乗効果を発揮する」ことによって、「協力する力」を学んでいただこうというものです。私たちは周囲の人との協力関係で生きています。力を合わせて、ベストな解決策、方法を生み出すプロセスを学んでいきましょう。

第一、第二、第三の習慣は自制に取り組むもので、依存から自立へ、つまり私的成功への階段です。真の自立ができたとき、有効な相互依存（チームワーク、協力、そしてコミュニケーションなどが生かされた公的成功）への基盤が整ったといえます。

第七の習慣は再新再生です。人生の四つの基本要因を、原則に従い、バランスよく再新再生していきます。第七の習慣は他の六つの習慣を取り囲んだ位置にあります。

あなたの「第六の習慣」度をチェックする

次の各文章を読み、当てはまる数字を丸で囲んでください。あなたの「第六の習慣」習熟度をチェックしてみましょう。

「第六の習慣」　自己採点表　（1：そう思わない～6：強くそう思う）

1　相手の見識を評価する。	1 2 3 4 5 6
2　新しく、よりよいアイデアと解決法を追求する。	1 2 3 4 5 6
3　相手の明確な意見を促すよう心がけている。	1 2 3 4 5 6
4　他人の意見をすぐに否定するようなことはしない。	1 2 3 4 5 6
5　会議は相手の意見を聞く場だ。	1 2 3 4 5 6

6	もっといいアイデアは必ずある。	1 2 3 4 5 6
7	いろいろなメンバーを入れてよく話をする。	1 2 3 4 5 6
8	一人ひとり意見が違うのは当然だ。	1 2 3 4 5 6
9	会議では、手段ではなく目的を見るようにしている。	1 2 3 4 5 6
10	仕事とは相乗効果を生み出すことだ。	1 2 3 4 5 6

合計を計算してください、何点でしたか？　次の評価基準を参考に、あなたの「第六の習慣」の習熟度合いを確認してください。

0～29点　もう少し努力が必要です
30～44点　かなり習熟しています
45～60点　とても高いレベルです

不幸せになる７つの悪習慣

「７つの習慣」を考えるには、逆に「７つの悪習慣」を考えるとわかりやすいでしょう。

・第一の悪習慣「人のせいにする」
自分の問題を会社や上司、親や友人、国、政治のせいにしてしまう。自分はいつも犠牲者で、自分のことに責任など持てない。誰かに怒鳴られたら怒鳴り返す。やりたいようにやる。

・第二の悪習慣「目的を持たないで始める」
計画も立てなければ、目標もない。今さえ楽しければそれでいい。先のことはわからないし、考えても仕方がない。

・第三の悪習慣「一番大切なことを後回しにする」
いつも、だらだらしている。家に帰ればまずテレビを見て、それから何をするかを考える。面倒なことは常に後回し。大切なこと

あらゆることを他人や環境のせいにする人が周りにいませんか？　自分から変われば解決できることがたくさんあるはずです。

に取りかかるのはいつも直前になってしまう。

・**第四の悪習慣「勝ち負けという考え方」**

人生は競争だ。他人に負けるなんて許せない。負けるぐらいなら、先に負かす。負けそうになったら、一緒に引きずり下ろす。

・**第五の悪習慣「まず自分が話し、それから聞くふりをする」**

いいたいことはいわなければ損。必ず先に主張する。人の話は面倒だからあまり聞かない。上司の話は聞いたふりだけしてすぐに忘れてしまう。自分にとっていい話ならまじめに聞く。

・**第六の悪習慣「頼れるのは自分だけ」**

しょせん自分は人と違うのだから、うまくやれるはずがない。妥協するくらいなら、一人でやったほうがまし。自分の世界に生きたいし、できるだけ周りとはかかわり合いたくない。

・**第七の悪習慣「自分をすり減らす」**

忙しすぎて、体を鍛えたり、勉強したりする時間がない。第一、勉強も運動も面倒くさい。

よくよく考えると、普段やっていることばかりかもしれません。しかし、こういう生活をずっと続けているとどうなるのかを考えてみましょう。

「7つの習慣」が与えること

現代は競争社会といわれます。少しでも誰かに勝っていないと安心できない、他の人より優れていると認められなければ生き残れない。そうした価値観を植えつけられ、誰もが他者より頭一つ抜け出そうと必死に闘っています。反面、共生・融合の時代ともいわれ、他者と柔軟にコラボレートできる資質が個人にも企業にも求められています。現代人は相反する価値観の中で揺れているのです。

フランクリン・コヴィー社でも、研修やセミナーを通じ、年齢や会社の規模、地域に関係なく、次のような声をよく耳にします。

・会社は「成果、成果」というが、どうすればいいのか全くわからない。
・チームワークとか協力とかよくいわれるけど、実際は自分のことしか考えていない人ばかりだ。

フランクリン・コヴィー社
リーダーシップ開発やタイムマネジメント、能力開発などの企業内教育、フランクリンプランナー事業を手がける会社。米国ユタ州の本社を中心とし、世界39ヵ国にて展開する。企業をはじめ、政府機関・各種団体・学校・個人にも広く支持されている。

・一人で独立して仕事をしている友人がうらやましい。組織に所属すると面倒なことばかりだ。
・会議に出て、意見をいってもすぐに否定されるし、何もいう気になれない。何のために会議をしているのかわからないし、だいたい会議が多すぎる。
・営業の人は個人商店の集まりみたいだ。実際、本人たちもそういっていた。それでいいのだろうか。
・かつては、皆で力を合わせて仕事をするのが夢だったけど、現実はどうも違うみたいだ。
・先輩の仕事を手伝おうとすると「余計なことをするな」といわれるし、お願いすると「そんなことは聞いていない」といわれる。何もするなということか?
・会社が楽しくないし、仕事が面白くない。

これらの課題に立ち向かう方法の一つが「7つの習慣」です。

✍ あなたの会社には、「協力」の文化はありますか?こういった不満が蔓延していると危険信号です。

この本で学ぶこと

本書は、「7つの習慣」の六番目の習慣にあたる「相乗効果を発揮する」習慣を学ぶものです。私たちが仕事や生活をするというのは、周囲の人たちと一緒に協力して何かをやるということでもあります。

芸術家や作家といった孤高のイメージがある職業でも、作品ができ上がり、多くの人の目に触れるまでには、多くの人々の努力や協力が欠かせません。

私たちが所属する会社や組織（アルバイトも、フリーで仕事をしている人も、社会という大きな組織の中にいます）で仕事をするということは、極論すれば、一人ひとりの持つ能力を合わせて、「相乗効果」を生み出す作業をするということでもあります。

そのために組織は、人を雇い（あなたの会社はあなたを雇い）、チームをつくり（営業部や総務部など）、会社特有の仕組み、システム

私たちはみな組織の中で生きています。そして、組織とは相乗効果を発揮するために存在するといってもいいでしょう。

をつくり出し、協力体制をつくり、その中で独自の商品を生み出し、お客様に提供しているわけです。

この「相乗効果を発揮する」は、「7つの習慣」の集大成の習慣であり、「第一の習慣」から続いてきたプロセスの成果でもあります。つまり、ここが目的地なのです。私たちはこの結果を目指して毎日働き、生活しているのです。

本書では、最初に、「7つの習慣」の基礎にあたる部分である「基礎編」を少しおさらいします。すべての習慣の根底に流れる考え方や向き合い方、とらえ方を紹介します。

この「基礎編」は、すべての習慣に通じるものですから、しっかり頭に入れておいてください。なおすべての『7つの習慣　クイックマスター・シリーズ』に掲載（習慣によって多少の編集をしています）されていますが、できれば、『クイックマスター・シリーズ』の他の本も手にして、それぞれの習慣をじっくり学んでみてください。それが「相乗効果」を発揮するための近道になるはずです。

まずは基礎編

“ 本当に危険なのは何もしないことだ。 ”

デニス・ウェイトリー

パラダイム

本書では「協力する力」について学びますが、あなたはどのような思考の枠組みを通して周囲との連携を図っているのでしょうか。

そのことについて考える前に、ちょっと次の言葉を見てください。当時、その道の専門家が述べたことです。『7つの習慣　ティーンズ』で紹介してある内容ですがそのまま引用します。

・「個人が自宅にコンピュータを持つ理由はない」ケネス・オルスン（デジタル・エクイップメント社の創業者兼社長）、1977年

・「飛行機は面白いおもちゃだが、軍事的な価値はない」フェルディナン・フォシュ元帥（フランスの軍事戦略家で後の第一次世界大戦の司令官）、1911年

・「将来、どんな科学的進歩があっても人が月に到達することはない」リー・ド・フォレスト博士（音声チューブの発明者でラジオ

の生みの親)、1976年2月25日
・「テレビは半年もすれば市場から消える。毎晩、合板の板を凝視することに、人はすぐ飽きるだろう」ダリル・F・ザナック（20世紀フォックス映画社長)、1946年
・「彼らのサウンドは好きになれない。ギターのグループはすたれつつある」デッカ・レコーズ（ビートルズを拒んだレコード会社)、1962年
・「多くの人にとって、喫煙は有益な効果がある」イアン・マクドナルド（ロサンゼルスの外科医)、1969年11月18日付『ニューズウィーク』より
・「この『電話』なるもの欠陥が多すぎて、コミュニケーションの手段としては実用的ではない。この装置は本質的に無用の代物だ」ウェスタン・ユニオンの社内メモ、1876年
・「今日起こったことは重要なことではない」ジョージ三世（イギリス国王)、1776年7月4日（アメリカ合衆国独立宣言の日)

✍ 今、私たちが当たり前だと思っていることの中にも、将来同じように、恥ずかしくなるようなことがあるのかもしれません。

いかがでしたか？　今読んでみると、おかしなことばかりです。
では、次のような言葉を耳にしたことはありませんか？

・うちの会社は小さいから何をやっても無理だと思う
・私にはそんな力も能力もない
・だいたい社長がダメだから、社員もダメなんだ
・世の中、うまくいく人は最初から決まっている
・自分には何の才能もない。あの親から生まれたのだから仕方ない
・あいつにできるわけがない。やったこともないのに
・あの人がうらやましい。あの地位があれば何だってできる
・自分の学歴じゃこの仕事が限界だ
・人脈もコネもないから何もできない

どうでしょう？　まさかあなたはいっていないですよね。この二つのリストは、どちらも、物事に対するとらえ方、考え方を示して

います。そして、本人は大まじめで、本当のことをいっているつもりかもしれませんが、どれも不正確で不完全です。

このような、物事の見方、考え方、観点、判断基準をパラダイムといいます。気をつけなければいけないのは、上記のような誤ったパラダイムを持っていると、自分で限界をつくってしまうことです。「自分にはできない」と思い込んでいる人が、何かを達成することができるでしょうか。

パラダイムとは、めがねのようなもの。そのレンズを通して周囲を見る限り、見るものすべてに最初からフィルターがかかってしまい、それが真実だと思い込んでしまうのです。

あなたもまた、会社に対して、お客様に対して、友人に対して、すでにさまざまな思い込みをしている可能性があります。「あの人はこういう人だ」という考えを「本当にそうだろうか?」と疑ってみてください。意外な気づきがあるかもしれません。

✍ サングラスをかけているところを想像してください。見えるものすべてが暗く見えます。

インサイド・アウト

「7つの習慣」において、もう一つの重要な考え方は、「インサイド・アウト」です。これは文字通り、自分自身のインサイド（内側）から始めるというアプローチです。たとえば、誰かと信頼関係を築きたいと思うのであれば、その人に原因を求める（アウトサイド・イン的な考え方）のではなく、まず自分自身が信頼される人間になるということです。

たとえば、会社で評価されていないと感じたとき、「評価方法が問題だ」とか「どうして彼らだけが評価されるのか」といったように、被害者意識を持ち、自分がうまくいかない原因を周りの人や環境、制度のせいにする人は少なくありません。

会社で高い評価を得たいのならば、そのような人物になること。権限が欲しいならば、責任を引き受けて会社に貢献できる社員になること。これが「インサイド・アウト」のアプローチです。

外から変えようとする考え方、方法を「アウトサイド・イン」と呼んでいます。多くの組織は、何かを変革しようとすると、制度やシステムを変えようとします。まさにアウトサイド・インの考え方です。

コヴィー博士は、「私は仕事を通じてさまざまな人とかかわってきた。彼らは素晴らしく才能にあふれ、幸福と成功を切に願っていた。同時に彼らは常に何かを探し求め、心に痛みを感じていた。しかし、すべての経験を通して、私は一度たりとも、外（アウトサイド）からもたらされた永続的な問題解決や幸福あるいは成功といったものを目にしたことはない」といい切っています。

ビジネスにおいて、何か問題が起きたとき（組織ぐるみの違法行為が発覚した、品質をごまかして提供していたなど）、「社内管理体制の問題」「そういう指示を受けただけ」といった言い訳や、監視機関や罰則規定を設けるといった表面的な対策に走りがちですが、約束を守れない人に規定を設けても意味がありません。

外からのアプローチが無用ということではなく、私たち一人ひとりが「パラダイム」を変え、この「インサイド・アウト」の考え方をしっかり持つことが大切なのです。まずは「自分から」始めてみましょう。

「誰々が変わってくれない！」という人をたくさん見ます。その人は、他人が変わるのを待っているのでしょうか？

あなたの周りの原則

本書では「相乗効果」について学びますが、互いが認め合い、協力し合うことで、単独では得られなかった成果を得ることができる。これは人間関係における「原則」の一つといっていいでしょう。

私たちは、心のどこかでそれが真実だと知っています。誰もが共通して持っている普遍的なルール、それが、本書でいうところの「原則」です。

このような「原則」という視点で物事をとらえたとき、私たちは自然と平穏な気持ちになることができます。特に人間関係がうまくいかなくなったときなど、自分を取り繕うことだけを考えて行動すると、後々、いやな気分に陥ったり、本当に人間関係に修復しがたい亀裂が入ってしまうことさえあるでしょう。

さて、皆さんの周囲には、どんな原則が存在しているでしょうか？環境や状況によって、いろいろな原則が存在します。あなたが営業担当であれば、顧客への「貢献」でしょうか。あるいはチームメンバーとの「和」でしょうか。

一度、チームメンバーと一緒に、あなたのチーム、あなたの仕事において、どんな原則が作用しているのか話し合ってみてはいかがでしょうか。

初めは怪訝《けげん》な顔をされるかもしれませんが、皆で話し合っていくうちに、「誠実さ」「公平さ」「貢献」「可能性」「成長」「協力」など、ごく当たり前の基本的な事柄がたくさん出てくるはずです。

この原則には、組織だから、家族だから、チームだから、仕事だから、プライベートだから、といった違いは全くありません。常にどこでも作用し機能するからこそ「原則」なのです。

この「原則」を中心としたアプローチは、テクニックや手法とは明らかに異なります。また、個人の価値観とも少々異なります。表面的あるいは個人的な「価値観」ではなく、すべてに適用される「原則」を用いて、周囲の人々とのかかわり方を見直してみましょう。

あなたが生活をするときに、避けては通ることはできないことが多く存在します。それは人間関係においても同じことです。この原則に反したことを行っていると、長期的には必ずあなたにマイナスの要素をもたらすことになります。

信頼残高

本書のテーマである「協力する」という習慣について考えるとき、人と何かを一緒に行う際のあなたの基本的なスタンスが非常に重要になります。

他者と協力し合うべきであることは誰もが理解していることですが、具体的にはどんな姿勢が協力的であり、また成果をもたらすことにつながるのでしょうか。ビジネスにたとえて考えてみるとわかりやすいかもしれません。

仮にあなたが営業担当だったとします。そして何とか取引を成立させたい企業があるとします。すると、あるお客様が「その会社はよく知っているので、あなたなら紹介してもいい」といってくれました。おかげで無事に取引することができました。あなたは営業担当として、大きな成果を得ることができたわけです。

このお客様があなたを紹介した理由、あなたに進んで協力してくれた理由は、あなたとの「信頼関係」に他なりません。あなたがこれまでその方に対して誠意と責任を持って仕事を継続してきたことが信頼関係を築いたのです。つまり、お客様と信頼関係を築くに足る協力的な姿勢をあなたが積み重ねてきたということです。

これはすなわち、そのお客様に対して、あなたの「信頼という残高」があったと言い換えることができます。

この信頼残高という考え方は「7つの習慣」では人間関係の中心に置かれています。銀行に預金すると残高が増えるように、人間関係においても「信頼」という残高を増やす必要があるのです。

ショーン・コヴィーは『7つの習慣　ティーンズ』の中で、「信頼残高」と「銀行口座」の違いについて次のように述べています。

1　普通、開設できる銀行口座の数は限られていますが、信頼残高の口座はあなたが出会うすべての人との間に、ネガティブなものであれポジティブなものであれ、開くことができます。近所

ショーン・コヴィー
『7つの習慣』提唱者であるスティーブン・R・コヴィーの息子。現在フランクリン・コヴィー社の商品開発担当副社長を務める。著書に『7つの習慣ティーンズ』がある。

に誰かが引っ越してきたとしましょう。あなたがにっこり笑って挨拶をすれば、プラスの信頼残高を預けた口座を開いたことになり、知らん顔で無視した場合、ネガティブな口座を開いたことになります。

2 銀行口座と違い、誰かに口座を開いたら、閉めることはできません。だから長年ごぶさたしている友人に街でばったり会っても、すぐに旧交を温めることができるのです。残高は一円も減っていません。同じように、人は恨みも忘れることなく、口座に残っています。

3 銀行口座では、千円はあくまで千円ですが、信頼残高の口座では入金しても蒸発してしまうことがあり、払い出したお金が何の役にも立たない石に化けてしまいがちです。大切な人間関係をよりよい状態に保つためには、少しずつでも預金し続けなければなりません。

私たちは知らず知らずのうちに引き出しをしてしまっているものです。預け入れのチャンスがあれば、どんどん預け入れましょう。

人間関係において「信頼残高」を増やすということが、どのようなことなのか、しっかりイメージできたでしょうか？　あなたが周囲の人々と信頼関係を築き、保つためには、定期的な「預け入れ」という行為が必要です。

あなたにとって大切な人の顔を思い浮かべ、その人に今あなたの「信頼残高」がどのくらい残っているのかを考えてみましょう。これまであなたがその人に対して行ってきたこと、いってきたことを思い出し、その人にとってどのような預け入れ、あるいは引き出しをしてしまったかを考えてみるのです。

「信頼残高」を増やすには、毎日の積み重ね以外にありません。「約束を守る」「期待に応える」「親切にする」「誠実に対応する」といった地道な日々の行動が、信頼という残高を増やしてくれるのです。

✍ 信頼残高を増やす具体的な方法については、本書の「協力する力」の中で、また『クイックマスター・シリーズ』の「相手を尊重する力」「理解する力」でも詳しく紹介しています。

協力する力

“ 相乗効果の本質は相違点を評価することである━相違点を尊重し、長所を生かし、短所を補うことである。一度、真の相乗効果を経験した人は、もう以前とは違う人間になっている。彼らは、意識の拡大をもたらすそのような経験が、将来、他にも起こり得ることを知っている。 ”

スティーブン・R・コヴィー

公的成功は私的成功の上に成り立つ

「7つの習慣」の成長の連続体のモデル図（11ページ）を思い出してください。人は、自立していない「依存状態」から私的成功へ向かって「自立」し、そして公的成功を目指し、「相互依存」の状態へと成長していきます。

この成長の階段を確実に上れるように、連続した一つのプロセスとして紹介するのが「7つの習慣」です。ここで、公的成功は「私的成功＝自立」の上にしか成り立たないことを、もう一度確認してください。

算数をきちんと学んでいないと微分積分の理解が困難なように、公的（つまり人間関係や社会での）成功を得ようとするならば、その前に私的成功（人間関係を維持するための人格と能力を持つ）を得る必要があるのです。

よく「他人を好きになるには、まず自分自身を好きにならなければならない」といいますが、自分のことをよく知り、そして自分自身をきちんとコントロールできる人でなければ、自分のことをちゃんと好きになるのは難しいのではないでしょうか。もし好きになれたとしても、それは上辺だけの勝手な思い込みにすぎないかもしれません。

それと同様に、相互依存の関係は、自立した人にしかできない選択です。自立を達成する意志の強さがなければ、人間関係のスキルをいくら磨いても、それを効果的に使うことはできないのです。

昨今、個性主義的なスキルやテクニックで、人間関係をスムーズに進めようとする風潮があるようです。しかし、「順序」と「プロセス」の原則を無視して、スキルやテクニックばかりを追い求めても、結果としてかえって関係を損ねることにもなりかねません。

人間関係づくりに最も大切な要素は、私たちが何をいうか、何をするかということではなく、私たちが「どういう人間であるか」ということなのです。

成功者は、他人をひきつけるために、自分を完璧にコントロールするという話があります。逆にいえば、自分を管理できずに、他人と良い人間関係が築けるわけがないということです。

相互依存のパラダイム

ここで、組織としての行動を考えてみましょう。よく、会社の不祥事や違反が起きたときなど、「組織として甘かった」「組織として機能していなかった」といった、いかにも組織が独自の行動や機能を持つかのように語られることがありますが、本当にそうなのでしょうか。

組織の問題は、その構成員一人ひとりの選択の結果、生じたものです。その選択が利己主義的であったり、反応的(感情や条件によってすぐに反応すること)であったり、先入観に基づいていたり、応急処置的な対応だったりすることからくる問題ばかりです。

企業や団体などにおいて、信頼関係が必要とされる取り組みを組織的に行おうとしても、なかなかうまくいかないことが多いものです。それは、個人でできないことを組織でやろうとしても、しょせん不可能だということを意味しています。しかも、勝ち負け偏重や取引的な考え方が横行する中では、うまくいくはずもないことなのです。

相互依存の領域は、個人の次元とは、全く違う新しい次元です。私たちの生産性を飛躍的に向上させてくれ、学び、成長するための、新しい機会をもたらしてくれます。

しかし、それと同時に、多くの問題を発生させやすく、多くの困難や心の痛みが待ち受けている領域でもあります。人間関係における問題は簡単に発生し、しかも急性の痛みを伴ってきます。

そして多くの場合、そういった強烈な痛みに対して、スキル、テクニックを使った応急処置的な対応しか行わず、かえって逆効果になってしまうのです。

相乗効果的な結果を得るためには、相手の考えや能力、目的をよく理解し、チームとしていかに成果を出すかという点に注力する必要があります。そのためにも相手と協力し合う姿勢がとても重要になってくるのです。

利己主義
自己の利益のみを重視し、他者の利益は軽視、無視する考え方。利己主義の対義語は、利他主義。

信頼残高をつくるための六つの預け入れ

良質な人間関係をつくるために、30ページで「信頼残高」という考え方を紹介しました。「信頼残高」を大きくするにはどのような預け入れの方法があるでしょうか。六つの預け入れを紹介します。

一つ目は「相手を理解すること」です。

相手を理解することは、最も重要な預け入れの一つで、すべての預け入れの基礎になります。相手を理解してからでなければ、その人にとって何が預け入れになるかわからないからです。

私たちは、よく「よかれと思ってやったのに……」という苦い思いをすることがあります。「食事に誘う」「仕事をお願いする」「スポーツに誘う」「サークルに勧誘する」など、いろいろなことをしようとして他者に働きかけますが、相手によっては、全く効果がないどころか、逆効果になることだってあります。

相乗効果を発揮する
協力する力

ある人にとっては一大事でも、他人にとっては些細なことということケースもあります。本当の預け入れをするためには、「相手のことを大切に思うのであれば、相手にとって大切なことを、あなたも大切に思う必要がある」のです。そして、それは相手が大切であればあるほどそうなのです。

たとえば、あなたがとても忙しい残業中に、同僚が何気ない会話で、あなたの仕事の邪魔をしたとしましょう。あなたにとっては、「後にしてくれ」と思うでしょうが、相手にとっては、今とても大変な問題を抱えていて、話すきっかけを探していたかもしれないのです。同僚の話を聴き、思いを理解することで、あなたは大きな預け入れをすることができるのです。

一般的に、人は自分の経験によって「相手のニーズがわかっている」と思い込んでしまうことが多いようです。相手を一個人として深く理解し、その理解に基づいて相手に接することが必要なのです。

✍ 欲しくないものをもらっても、感激されません。よかれと思ってやったのにもかかわらず、いやな顔をされたことはありませんか？

六つの預け入れの二つ目は「小さなことを大切にすること」です。

小さな心遣いや礼儀、親切はとても大切なことです。逆に、小さな無礼や不親切、無神経は、信頼口座からの大きな引き出しになりますから注意しましょう。

人間関係において、小さなことは大きなことなのです。

「席を譲る」「先にドアを開ける」「自分から先によける」「目が合ったら微笑む」「ていねいに挨拶する」「きちんとお礼を述べる」「飲み物を渡してあげる」……

私たちの生活や仕事において、小さな親切をするチャンスはいくらでもあります。

常にそういった気持ちを忘れずにいるならば、すぐに行動に表れるでしょう。

アメリカの小説家、マーク・トウェインのおしゃれな言葉を紹介しましょう。

「いい褒め言葉一つで三ヵ月暮らしていける」

知らない人に対してでも、小さな親切をした日は気持ちがいいものです。身近な人にこそ小さな親切を繰り返してみましょう。

三つ目は「約束を守ること」です。

当たり前のことですが、約束を守るのと守らないのでは、信頼残高に大きな影響を与えます。

有能な人であればあるほど、自分の能力を発揮するチャンスだととらえ、あるいは学習の機会だと考え、すぐに約束をしてしまいがちです。また、優しい気持ちを持っている人ほど、他の人の役に立ちたい一心で、無理な約束をしてしまうことがあります。

しかし、その約束が守られなかったとき、相手との信頼関係は、以前よりも低いものになってしまいます。大きな預け入れをしようと思っているにもかかわらず、結果が伴わないばかりに関係にヒビが入ってしまうことほど、不幸なことはありません。

守れない約束をしないことも大切なことです。

他人との約束もそうですが、自分との約束を守ることはもっと難しいことです。

四つ目は「期待を明確にすること」です。

あなたは上司とこんな会話をしたことはありませんか？


「私の目標設定の件ですが、どんな目標にすればいいのですか？」

「どういう仕事をしたいんだ？　君は」

「それは決めていただかないとわかりませんが……」

「やりたい仕事もわからなければ、何をしてもらうかこちらもわからないのだが……」


極端な例かもしれませんが、お互いに期待していることがわからないまま仕事を進めてしまうのは、よくあることです。そして結果として、「やっぱりダメだ」と評価されてしまうことも少なくありません。

仕事はもちろんのこと、人間関係におけるほとんどの問題は、役割と目標を取り巻く曖昧な期待、期待するイメージの違いに原因があります。誰が、いつ、どこで、どんな仕事を、どのように、どこまで、誰とやるのか、といった期待像が不明なばかりに、後で誤解を生むことになってしまうのです。

「何とかなるだろう」「わかってくれているはずだ」「こういうことは常識だ」といったような思い込みは、大半の場合、期待外れという結果をもたらすもの。

しかし、私たちの仕事や生活の中で、このような期待像が明確に語られたり、描かれたりすることはほとんどありません。

また、期待を明確にすることは、非常に勇気が必要なことです。物事の始まりの時期に、お互いの相違点を出し合い、その上で共有すべきことを明確にしていく作業は、決して簡単なことではありません。不愉快な思いや失望を感じる瞬間もあることでしょう。しかし、この作業を経ることによって、結果的には信頼関係に大きなプラスとなるのです。

目標設定も非常に重要です。自分のビジョンを明確にし、「なぜこの仕事を行うのか?」をはっきりさせれば、今までにない生産性をもたらすでしょう。

預け入れの五つ目は「誠実さを示すこと」です。

心に二面性を持っていると、どれだけ理解し、小さな親切を繰り返し、約束を守り、期待を明確にし、応えようとしても、信頼関係はもろく崩れてしまいます。

誠実さとは言葉と現実を合わせること、つまり、いっていることと行動を合わせることです。

口では「君も家族のことを考えてプライベートを大切にするように」といいながら、毎日残業を強いるような上司を信頼することはできないように、言行が一致しない人は信頼されません。

また、誠実さを示すための大切な姿勢の一つとして、その場にいない人に対して忠実になることが挙げられます。

たとえば、あなたと同僚が二人で話をしているとき、同僚が上司の悪口をいったとしましょう。いつかこの同僚とあなたとの間で何か問題が起きたとき、あなたはどう思うでしょうか。この同僚が誰かにあなたの悪口をいっているかもしれないと考えませんか？　こうなってしまうと、あなたと同僚の関係は決して信頼関係で結ばれた良好なものだとはいえなくなってしまいます。

面と向かっているときは調子よく話を合わせて、いないときは悪口をいう。これを二面性といいます。そういう姿は驚くほど周囲の人にしっかり見られているものなのです。

誠実さとは、すべての人に対して、率直かつ平等に接することでもあります。それゆえに衝突や摩擦も生まれるでしょう。相手に対して、正直にぶつかることはとても勇気のいることです。

そのため、多くの人は、抵抗の少ない道（陰口をいい、秘密を漏らし、噂話に興じる）を選んでしまうものです。その場では確かに共感をシェアすることも可能でしょうが、決して後味がいいものではないはずです。

長期的に見れば、常に正直かつオープンに人に接するほうが信頼を受けるようになることを理解しましょう。

✍ このように、誠実であることは、簡単なことではありません。ついつい目の前にいる人に対してのみ誠実さを示そうとするからです。しかしそれは本当の誠実さではありません。

最後の六つ目は「信頼残高を引き出してしまったときは、誠意をもって謝ること」です。

「私が間違えていました」

「失礼をお許しください」

「あんなことをすべきではなかった。謝ります」

自分の過ちに気づいたとき、直ちに心から謝ることは、人格を必要とする行為です。謝ろうとは考えても、「弱みにつけ込まれないか」「悪用されはしないか」「これでダメだとレッテルを貼られはしないか」といった脅威を感じてしまい、誠心誠意謝ることができない場合があります。

間違いを犯したときの対処には、自分の深い価値観からくる内面の強さと安定性が必要なのです。

間違いを犯してしまうこと自体も問題ではありますが、それを認めないのはもっと大きな問題です。

人は、判断を誤ったための間違いや、勘違いの間違いは、すぐに

約束を果たせない際は、果たせないとわかった時点で即座に相手に伝え、詫びることです。あなたが原則に基づいている限り、解決に向かうでしょう。

許してくれるものです。しかし、心のあり方から犯した間違いは簡単に許してはくれません。特に、不正な動機による過ちは信頼関係をゼロにしてしまいます。

企業の不祥事においても、経営上の判断ミスや能力不足による過ちは、その後の対応いかんによっては、早いリカバリーが可能なこともあるでしょう。逆にこのときの判断の素早さや対応の見事さによって、企業としての信頼を高めることにつながったケースすらあるくらいです。

しかし、利益追求のために不正を正当化し、ごまかし、責任逃れをする人が許されることはありません。心の弱さや不安定さが正しく物事を判断する目を曇らせ、思いやりや想像力を欠いた傲慢さによって他者を損ねる行動をとってしまうのです。

人間は誰しも過ちを犯すものですが、このような心が引き起こす過ちには全く救いがありません。

「クレーム客が常連客になる」ことがあるそうです。誠実さゆえの成果だといえるかもしれません。

これまでの習慣はすべてこの習慣の準備にすぎない！

「7つの習慣」の目的はこの習慣にあるといっても過言ではありません。コヴィー博士も「相乗効果は人生において最も崇高な活動である。残りの習慣すべてが身についているかどうかのテストであり、またその目的である」と述べています。

「第一の習慣」で自分自身を自覚し、周囲の人との「Win-Win」の精神を持ち、相手を理解する気持ちと技術を身につけたのも、この「相乗効果」という結果を、協力して生み出すための準備だったのです。

相乗効果を一言でいうと、「協力し合うことで、全体の合計が各部分の和よりも大きくなること」です。つまり、1+1が3か、それ以上になることを意味します。

相乗効果を発揮することは、相違点を賞賛し、チームワークを大切にし、頭を柔らかくし、協力して新しくよりよい方法を見つけ出すことです。

しかし、それは偶然に起こるわけではありません。正しいパラダイムを持ち、違いを尊び、プロセスを学び、そのプロセスを通ることで、新たな「第三案」、これまで存在しなかった選択肢を生み出すことができるようになります。

真の意味で影響を与え合い、互いの影響を受け入れ始めたとき、人は新たなインスピレーションを得ます。また、新しいアプローチや第三案を打ち出せる可能性というものは、相違点があればこそ飛躍的に大きくなります。相乗効果とは、一人ならば生み出せなかったことが、互いに手を携えれば生み出せるということです。

個人が持つ可能性を十分に引き出し、大いに力を発揮している個人と個人が連携した結果、それまで誰もが想像すらできなかった素晴らしい結果をもたらすことは、こうして今生きている私たち全員の願いでもあるのです。

これまでに、力を合わせて何かを成し遂げた経験を思い起こすことができない人は、これからしっかり学んでいきましょう。必ず相乗効果を発揮することはできます。

自然界には多くある相乗効果

相乗効果の例を知るには、自然界に学ぶのが最も親しみやすくわかりやすい方法かもしれません。

あなたは、V字に編隊を組んで空を飛ぶ雁《かり》の群れを見たことがありますか?

ある科学者の研究によると、あのV字型飛行には次のような理由があるそうです。

・編隊で飛ぶと、単独で飛ぶよりも71%遠くまで行ける。前方の雁が羽ばたくときに後続の鳥に上昇気流をつくり出す。
・先頭の雁は疲れるとV字型編隊の後尾に回り、別の雁と交代する。
・後ろの雁はガーガー鳴いて、前の雁を励ます。
・編隊から脱落しそうになっても、1羽で飛ぶと抵抗が大きいのですぐに群れに戻る。

・群れの1羽が病気や怪我で脱落すると、2羽の雁が援助と保護のために付き添って地上に降りる。この2羽は脱落した雁が回復するか死ぬまで付き添い、その後、新しい群れに加わるか、独自の編隊をつくって元のグループに追いつく。

いかがですか？　他にも、自然界の植物は、互いに根を重ね、支え合って生きていますし、二つの木材を重ねれば、一本一本で支えられる重量の和よりも、はるかに大きな重量を支えることができます。建築物はそうした力を利用してつくられています。

太古から自然界に普遍的にみられるような、動物や植物がお互いに助け合って生きている生態系自体が相乗効果の最も大きな体現といってよいでしょう。

きっと私たち人間も、雁のように他の人と「V字編隊」を組んで飛べば、もっともっと遠くまで行けるはずです。

海の中で群れをなして移動することで、自らを大きな魚に見せかけ、ほかの魚の標的にならないようにする小さな魚もいます。

すでに経験してきた相乗効果

もっと身近な例では、私たちはすでに「相乗効果」を経験してきています。

たとえば、楽器をたしなんだことがある方ならすぐにわかるように、オーケストラや音楽のバンドでは、一人ひとりの力を合わせることによって、素晴らしいパワーを発揮します。

そのときの達成感や充実感を思い出してみてください。一人で演奏したときとは比べ物にならないほどの達成感を味わったはずです。その感動が相乗効果の偉大なところなのです。

また、相乗効果はスポーツにおいても欠かすことはできません。野球やサッカー、バスケットボール、あらゆるチームプレーは、各個人がしっかりと役割を持ち、力を合わせることで大きな力を発揮します。個人レベルで高い能力を持つチームほど高い相乗効果を生むことはいうまでもありません。

相乗効果を発揮する
協力する力

そして、相乗効果は、協力しようとする気持ち、よいコミュニケーションのあるところに生まれます。相乗効果がプロセスだというのは、そういう意味でもあります。

また、個人競技のスポーツでも、相乗効果は発揮されています。選手の他にコーチがいて、協力する家族がいて、応援する人がいて、コートや会場を設営したり整備したりする人もいます。また、戦う相手の選手がいるからこそ、さらにうまくなろうとする気持ちが生まれます。

この世界では、一人で成し遂げられることはないといってもいいぐらい、多くの相乗効果が生まれているのです。

そして重要なのは、皆それぞれが明確な個性を持っており、その違いがあって初めて大きな成果に結びつくということです。

この相乗効果を仕事や普段の生活に意識的に取り入れることができれば、仕事や生活はどれほど充実することでしょう。今まで気づかなかった成果がきっと生まれるはずです。

ビジネスにしろ、プライベートの生活にしろ、大切な仲間、家族と何かを生み出すときに味わう達成感ほどすばらしいことはないでしょう。

優れた結果であるという目的

相乗効果を発揮するためのコミュニケーションが行われると、新しい結果、新しい可能性、代替案に対して、創造的な意見を出したり、他人の意見を取り入れたりすることへの抵抗はなくなります。

そうすると、一見、本書シリーズ「方向を見定める力」で紹介した、「自分の目的、目標を明確にし、それに対して計画し実行する」ことと、違う方向に行ってしまうように感じてしまうかもしれません。

しかし、そんなことは全くないのです。相乗効果を生む創造的なコミュニケーションが行われた場合、そのミーティングやディスカッションで出る結果や結論は、なかなか予測しにくいかもしれません。しかし、出席者全体が「必ずよりよい結果が生まれる」と信じる気持ちを共有する中で、話し合いの過程そのものが大きな充実感や知的興奮をあなたに与え、そうして得られる豊かな果実、そのよりよい結果こそが、私たちの目的そのものなのです。

私たちがＷｉｎ－Ｗｉｎを考え、相手の考えを一生懸命に理解しようとしてきたのは、まさにそのためです。この習慣を身につけた人たちだけが、お互いに学び合い、新しいことに気づいていくという知的冒険を行うことができるのです。

仕事においても生活の中でも、無意識に行動していると、こういった経験を得られる機会はまずないといっていいでしょう。私たちの行動は、限られた範囲でのコミュニケーションや想定された結果に対しての対応がほとんどなのです。

しかし、私たちの可能性は本来もっと大きなものです。その可能性が開発されることも活用されることもなく、あなたの人生が終わってしまうのは、本当にもったいないことだと思いませんか？「もっとよい結果」は必ず存在し、私たちにはそれを望み、手にする資格があります。ただし、それを得るには、オープンな態度、考え方、冒険的な精神を持ち、実践する勇気が必要なのです。

違う意見の人が集まると、ほとんどのケースは、どちらかの案にする、もしくは間をとる（妥協する）という結果になります。しかも、ポジションが上の人の意見に決まることが多いでしょう。相乗効果というのは、お互いの案をはるかに超えた案を作り出すことです。

組織の目的は相乗効果を生み出すこと

なぜ会社は組織をつくり上げるのでしょうか。それは一人ひとりが力を合わせて「相乗効果」を生み出すためです。

組織の目的は、それぞれが役割を担い、そして協力し合い、常に新しいものをつくり続けることにあります。

したがって、組織の一員であるあなたの役割は、あなたの力と協業する人の力の単純な合計よりも、さらに大きな力を生み出し、よりよい成果を出すことです。

しかし、個人間の行きすぎた競争や組織ロイヤリティの低下、利益至上主義の悪影響などによって、現実の組織の中では、防衛的なコミュニケーション、非協力的な文化、政治的な争いといった悪しき習慣がはびこり、結局、組織としての力を発揮することができないまま、組織の力は低下していく例は多数あります。

組織において相乗効果が発揮されないのであれば、そもそも組織

あなたが今まで行ってきたことで、どんな成果を出してきましたか？　それは相乗効果を発揮した例でしたか？

にする必要はありませんし、たくさんの社員も必要ありません。

さて、ここで「トップがしっかりしないところはダメだな」などと悠長に構えていてはいけません。組織の中で相乗効果を発揮するのはあなたです。あなたとチームメンバー、あなたと上司、あなたと外部パートナー、チームとチーム、部署と部署、あなたの会社とお客様など、あなたが実際にかかわり、相乗効果を発揮すべき場面はあらゆるところに存在します。あなたは、そのすべての場面で相乗効果を発揮することができるはずなのです。

組織において、一人で仕事を完遂させることはほとんどありません。組織の大きな枠組みや仕組みの中で役割を果たすことがあなたの仕事のはずですが、あなたの力によって新しい何かを生み出すことができないのであれば、あなたの代わりは他にいくらでもいることになってしまいます。

「よりよい結果や解決策は必ずある」という気持ちを常に持ち、あなたの可能性をもっともっと広げていきましょう。

✍ 会社があなたに期待しているのは、まずあなたの最大の力を発揮してほしいこと、次に誰かとの協業によって、あなたが持つ以上の力を発揮することです。

相乗効果は妥協ではない

コミュニケーションの中で、何か新しい案を生み出そうとするとき、私たちがよく陥りやすいものに、「妥協」があります。これは相乗効果と呼べるものではなく、結果としては、非常にレベルの低いものです。これでは、1＋1が1以下になってしまいます。

私たちがよく「交渉」と呼ぶコミュニケーションには、この「妥協」を目指したものが少なくありません。

相乗効果とは、誰かの案でもあなたの案でもなく、全く新しい「第三案」を求めることです。1＋1が3以上になるように、お互いが満足できるような解決策を打ち出すことが相乗効果なのです。

組織の中で、リーダーと呼ばれる人の役割とは、まさにこの「第三案」を導くことにあります。メンバー間の能力を最大限に発揮させ、その能力の和をはるかに超える、チームとしての力を導く仕事こそ、現在の組織に求められている能力でしょう。

相乗効果を発揮する
協力する力

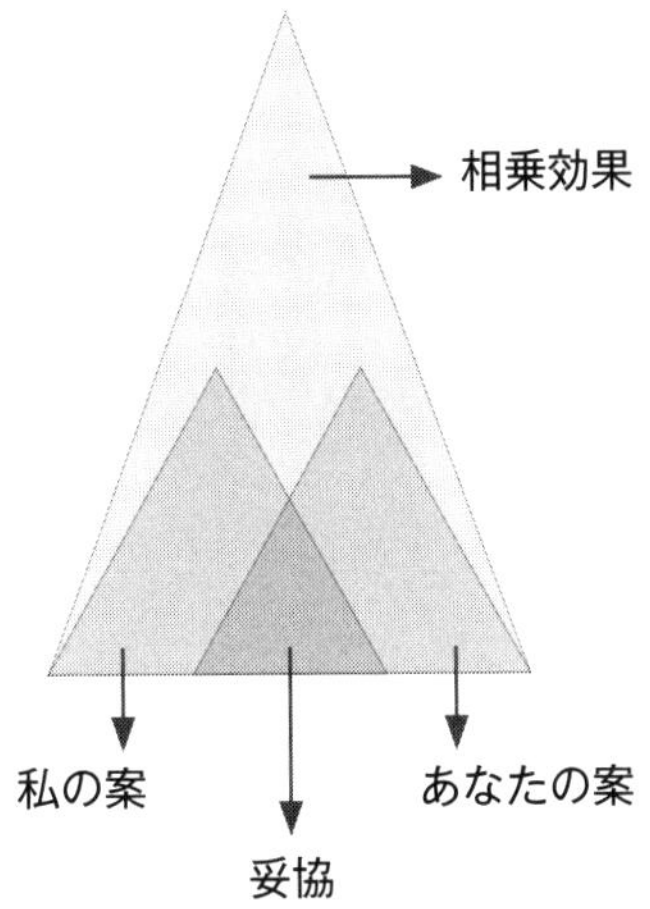

交渉＝妥協と思っていませんか？「今日は絶対に譲らない！」と思って、交渉に臨んだことはありませんか？それはもったいない考え方です。あなたが考える案よりもっといい案があるかもしれないのですから。

信頼とコミュニケーションのレベル

相乗効果を発揮するには、コミュニケーションの問題だけではなく、お互いの信頼度合いが密接に関連してきます。

信頼関係が低いと、自分の立場を守ろうとする自己保身的なコミュニケーションに終始し、Ｗｉｎ－ＬｏｓｅかＬｏｓｅ－Ｌｏｓｅの結果しか生まれることはありません。

その次の段階が「尊敬的なコミュニケーション」。衝突を避けたいがために、新しい可能性を求めることは少なく、「妥協」した結果になることが多くなります。

前述したように、私たちの組織におけるコミュニケーションはほとんどがこのレベルです。双方が譲り合うことが美徳とされる慣習の中では、何か新たなものを生み出すといった協力的なコミュニケーションを行使できません。これでは、１＋１が２に届くことすらなく、本当のＷｉｎ－Ｗｉｎに至ることは不可能です。

「譲る」ことがベストな方法ではないのです。原則に基づき、協力しようとする気持ちがあれば、きっとお互いが満足する案を創造することができます。

最も高いレベルは、高い信頼関係をもとにした「相乗効果的コミュニケーション」です。皆が創造的なコミュニケーションに参加することを楽しみ、全員が満足する「第三案」を見いだす可能性の高いコミュニケーション・レベルです。

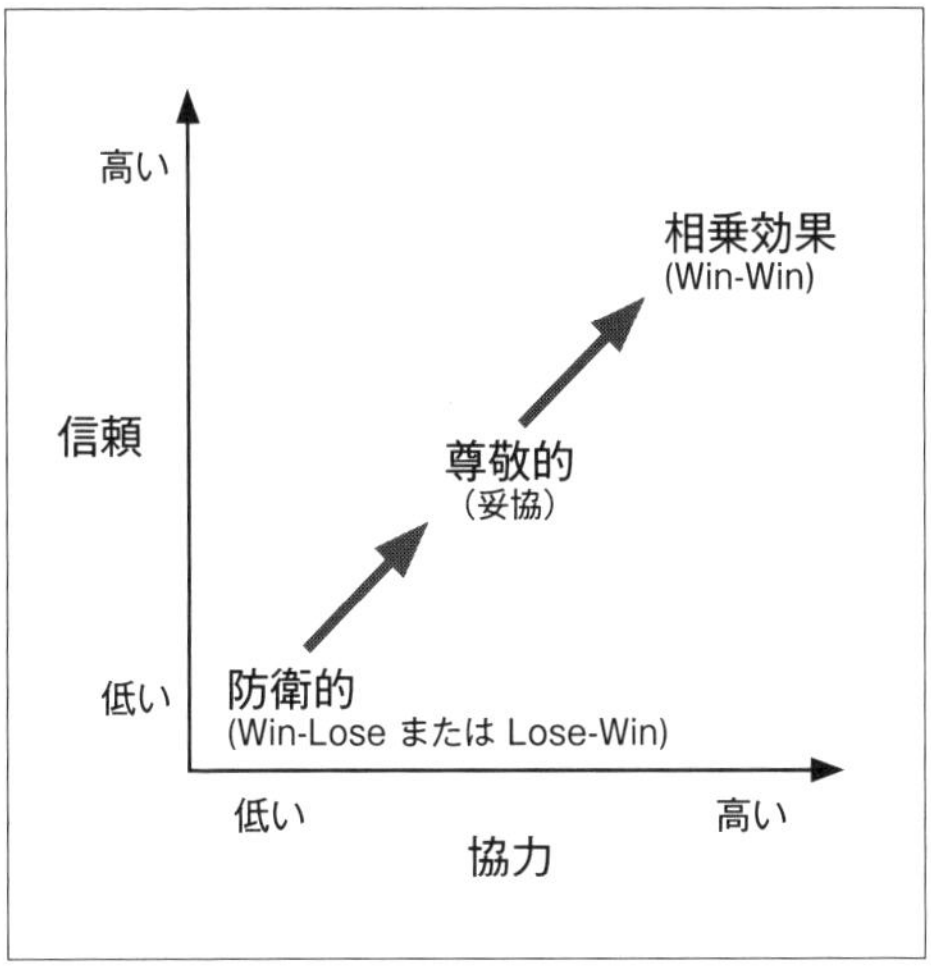

信頼関係を高めるための方法やコミュニケーションのスキルについては、本シリーズ「理解する力」で詳しく紹介しています。

意見の相違にぶつかった際の対応方法

相違点は「機会」であり「障害」ではありません。まず、このことを心に深く銘記し、実際の行動に表すよう心がけてください。周囲の考えに率直に耳を傾け続けることがその第一歩となります。そうすることで、よりよい解決策を導くには、どの考えとどの考えを組み合わせるとよいかがわかってくるようになります。

私たちがコミュニケーションの中で、障害にぶつかったときの対処には次のようなレベルが考えられます。

・攻撃する：その考えを頭から否定する。防衛的で恐れに基づく反応。
・我慢する：黙って意見を述べさせるが、認めない。
・認める：その考えもあることを認めつつも、何も変えようとしない。
・評価する：異なる考えを価値あるものと考え、その新たな情報が

どんな意見にも、賞賛すべき点が存在しているはずです。たとえ発見できなかったとしても、発見しようと努めたことは、絶対に無駄ではありません。

もたらす機会や可能性を見いだし始める。
・賞賛する：異なった考えを持つ人を見つけ、相違点から学ぶ。

さて、ここで、あなたが他人の考えや意見を却下した会議や会話を思い出してみてください。次のようなことはなかったですか？
1　最初にその考えを拒否したとき、あなたは何を不愉快に感じたのですか？　その考えそのものですか？　発言者ですか？　それとも、その発言の仕方でしょうか？　それがあなたの考えではないからですか？
2　あなたの心の声は何といっていましたか？　「そんなのはうまくいくわけがない」「君はどうかしているよ」「前例がない」などといっていませんでしたか？
3　そこに「群集心理」が作用していませんでしたか？　その集団の典型的な考え方を支持していないように思えたので、すぐさまその考えを却下したのではありませんか？

群集心理
群集が示す特殊な心理状態の一つ。一般的に判断力が低下し、興奮性が強くなり、衝動的・無責任的な言動をとる傾向になるといわれている。

相違点を尊ぶために

相乗効果を発揮するには、まず「相違点」を認め、尊ばなければなりません。「違いがある」ということが相乗効果のスタートなのです。

会社の中で、全く意見が違う（合わせようともしない）二人がいる場合、協力する意欲が本当にないのであれば、この会社で相乗効果が発揮されることはないでしょう。

一方、完全に同じ意見の人が二人いる場合、その二人のうち一人は不要だということになります。

相違点を尊ぶために、いくつかのヒントを紹介しましょう。

・多様性を尊重しましょう。あなたと同じく、他の誰もが独自の感じ方、考え方をする存在なのです。

・リラックスして他の人と接しましょう。緊張感は警戒心のもとです。他者と意見を交わす必要があるときは、深呼吸して、リラックスしましょう。

・バランスをとりましょう。自分の利益ばかり考えず、ギブ・アンド・テイクの関係を進んで築きましょう。

・新しい考えに耳を傾けましょう。頭の中のドアを閉め切ってしまってはいけません。常にドアはオープンにしておきましょう。

・信頼を築く努力をしましょう。信頼関係はすぐには構築できませんが、その努力は最後に必ず価値を発揮するはずです。

・共通の利益を見つけて共有しましょう。自分のやり方に対するこだわりを捨てて、多様な知性を融合させましょう。

・ユーモアを忘れてはいけません。

・固定観念を捨てましょう。必ず間違いを犯すことになります。

・常に本来の自分でいましょう。

同意するか否かにかかわらず、異なる意見を大切にしましょう。「マイ・ウェイ」は部長のカラオケだけにしましょう。

みんなマイノリティだ

人はそれぞれ違うので、私たちは皆それぞれがマイノリティ（少数派）といってよい存在です。

自分と同じ容姿を持ち、同じことを考え、同じように話す人は、存在しません。人間の多様性とは、決して外面的なものだけではなく、内面的な部分こそ大きいということを皆さんに気づいていただきたいと思います。学習能力、見方、スタイル、特徴、性格は、人それぞれです。仲のいい家族や友人であれ、頭の中身は決して同じではないのです。

トーマス・アームストロング博士は頭のよさを七つの分野に分け、子どもの能力を伸ばすには、本人が得意とする面を生かしたやり方で学ぶのが一番効果的だといっています。

・言語的：読み、書き、話を伝えることを通して学ぶ。

・論理的・数学的：論理、パターン、カテゴリー、関連によって学ぶ。
・体的・運動的：体感覚、触れることで学ぶ。
・空間的：イメージや画像によって学ぶ。
・音楽的：音とリズムを通して学ぶ。
・社交的：他者とのやりとりやコミュニケーションを通して学ぶ。
・内面的：自分の感覚を通して学ぶ。

　これは私たち大人にもいえることです。仕事のやり方や得意なことは皆それぞれ違います。ロジカルな提案が得意な人もいれば、他者に伝えるのが上手な人もいます。あるいは、肉体が強靭で外を動き回るのが好きな人もいるでしょう。それが個性なのです。

　これらの学習能力のうち、どれかが他より勝っているということはなく、単に違いがあるというだけです。相乗効果を発揮するには、それらの違いにある「利点」を見つけることが大切です。

「ひとつだけ確かなことがある。それは個人の独自性である」
アルベルト・アインシュタイン

自分自身の多様性を歓迎しよう

　比較社会、競争社会に身を置く私たちにとって、自分と他人を比べるのは簡単なことです。結果的に、自分より他人を見ている時間のほうが長いくらいかもしれません。私たちは自らの個性の素晴らしさを認識する以上に、他人の優れた点が目についてしまうものなのです。

　しかし、他の人に溶け込んで皆と同じになってしまうよりも、自分の他人と違うところや性格に誇りを持ち、またそれらを歓迎できるようにしていくべきです。

　あなたがまだ会社やチームの中で、結果を出すことができず、認められていないと感じているとしても、あなたには無限の可能性があります。そして、その可能性を引き出すためには、周囲の人とのかかわりが不可欠なのです。

　自分を誰かと比べ、自分がその人より劣っているような気持ちに

「この世には、まったく同じ髪の毛や粒が二つとしてない以上に、二つとして同じ意見があったためしはなかった。精神の最も普遍的な特質は多様性である」
ミシェル・ド・モンテーニュ

なったら、自分の個性をしっかりと確認することです。そうやって自分を見つめるときに役に立つのが、「7つの習慣」のうち、第一の習慣、第二の習慣、第三の習慣といえるでしょう。

コミュニケーションとは、本来苦しく、厳しいものです。自分の本心を打ち明け、自分とは異なる他人の意見を受け入れなければならないからです。そこには、ある種の痛みが伴うことすらあります。

他者と適切なコミュニケーションをとるには、揺るぎない自分自身の方向性と内面の強さを持った一人の人間として存在する勇気が必要です。そうでなければ、他人の力を利用することしか考えない「Ｗｉｎ－Ｌｏｓｅ」か、他の人に好かれたい一心でいうなりになってしまう「Ｌｏｓｅ－Ｗｉｎ」に陥ってしまうことでしょう。

相乗効果という、一つの望ましい結果は、他の人に溶け込んで皆と同じになる「同一」を意味するものではありません。自分の考えと他人の考えを高いレベルで相互補完し、融合し、「一致」させることなのです。

第一の習慣：「選択する力」主体性を発揮する
第二の習慣：「方向を見定める力」目的を持って始める
第三の習慣：「実行する力」重要事項を優先する

相乗効果を発揮するために　～第Ⅱ領域活動

本シリーズの「実行する力」、すなわち「第三の習慣：重要事項を優先する」の中で学んだ時間管理法を実践する際、相乗効果を目指すプロセスの中で変化が表れます。自分が目指すものが明確になり、時間の使い方をより具体的に考えるようになるからです。

他者と協力することで生まれる「相乗効果」というパラダイムで物事をとらえるようになると、次のような観点を持つことができるようになります。

・今、仕事を効率的にこなすことが重要か、それとも、今後、仕事をうまく一緒にできるようメンバーの力を伸ばすことに時間を割くことのほうが重要か。協力して生まれる「相乗効果」のためにはどちらがいいのか。

・他人を監督管理することに時間を割くほうが重要か、それとも、

相乗効果を発揮する時間管理は、非常にレベルの高い考え方です。モノではなく人に焦点を当てた、リーダーになるために必ず必要なパラダイムです。

彼らの創造力を生かし、彼らの自己管理力を身につけてもらうほうが重要だろうか。

・うまく進まない問題を解決するために、自分のスケジュールを調整することが重要だろうか、それとも、他人と一緒に問題に取り組み、お互いの期待を明確にすることに時間を使うほうが重要だろうか。

・コミュニケーション不足によって生じた問題の解決に時間を費やすほうが重要だろうか、それとも、効果的なコミュニケーションを図れる人間関係づくりに着手するほうが重要だろうか。

従来の物理的な「時間」管理方法に対し、より人間や人間関係に焦点を合わせているのがおわかりになると思います。

今までは、効率性、組織、方法について取り組んできたのに対し、これからは、効果性、ビジョン、目的に対して、取り組んでいくことになるのです。

✍ 「ビジョン」については、76ページを参照してください。

相乗効果は「変化」する

もう一つ、協力して生まれる「相乗効果」というパラダイムから見た時間管理には、大きな特徴があります。

従来の時間管理の中では、相手とのコミュニケーションは「取引」的なものが中心でした。何かを誰かに頼むとき、それは何らかの取引をもって行われるということです。

たとえば、「例の件はこちらでやっておくので、この件を早く頼む」とか「この予算で了解してもらえるならば、この仕事をお願いしたい」といったように、ギブ・アンド・テイクの精神で行われるものです。

しかし、「第Ⅱ領域」活動（本シリーズの「実行する力」、すなわち「第三の習慣：重要事項を優先する」で紹介した「時間管理のマトリックス」の中の「緊急ではないが重要」な活動）における、協力して生まれる「相乗効果」の活動は、取引ではなく、それぞれの

取引的な仕事は、「これをやってほしい」という、目にはっきりと見える仕事を依頼することです。相乗効果的な仕事とは、お互い現在ははっきりとは見えない、画期的なものを目指す仕事の仕方なのです。

行動の「変化」を伴うものとなります。

取引の中での活動は、「○○さん、明日までにこの仕事をやっておいて。その代わりにB社の仕事はやらなくていいから」といったように、お互いがあらかじめ想定した仕事を滞りなく行うことが目標であり、それ以上でもそれ以下でもありません。

それに対して、「相乗効果」を目指す活動では、よりよい成果を得るために他者と協力し合う、すなわち、最初からお互いが変化する道を進んで選んでいるわけですから、お互いが行う仕事そのものが変化していくのは当然の成り行きです。

しかも、最初の段階では、いったい何がどう変わっていくのか、誰にも想定すらできないところが興味深くエキサイティングな点といえるでしょう。

よりよい選択をするという目的のために、このような、変化を伴う「相乗効果」活動を行うことこそが、私たちが目指すべきことであり、第Ⅱ領域活動の本質ともいえる活動なのです。

✍
「時間管理のマトリックス」では私たちの日々の活動を以下の四つに分類しています。
・第Ⅰ領域は「緊急で重要」
・第Ⅱ領域は「緊急ではないが重要」
・第Ⅲ領域は「緊急であるが重要でない」
・第Ⅳ領域は「緊急でも重要でもない」
この中で意識的に増やしていく必要があるのが、第Ⅱ領域の「緊急ではないが重要」な活動です。

組織でビジョンを共有する

組織やチームで協力体制をとり、「相乗効果」を発揮するためには、ビジョンを共有することが重要になります。

大きな目的を達成するために、組織や企業のメンバーが持てる力以上の力を発揮した例はいくらでもあります。

明日会社に行ったら、ぜひ次の質問をしてみましょう。

「ちょっといいでしょうか。一つ聞かせてください。この会社の目的は何ですか?」「この部署の目的は何ですか?」「この取締役会の目的は何ですか?」

フランクリン・コヴィー社が行うコンサルティング業務の中でも、多くのエグゼクティブにこの質問をしてきました。

すると、経営幹部の人たちでさえ、ほとんどの人が答えられず、戸惑っていたそうです。皆で共有できているビジョンなどほとんどの組織には存在せず、そのためになら進んで行動できるという肯定

「ビジョンがなければ民は滅びる」
箴言29:18

的な感覚、大きな「YES」を共有するには至っていないのが現状のようです。

あなたのチームで、ぜひ共有できるビジョンをつくってみてください。チームで共有すべきビジョンの要件は以下の通りです。

・強い決意が生まれるよう、価値ある目的に焦点を合わせている。
・組織の内部から生まれている。
・原則に基づいている。
・関係者全員のニーズを満たしている。
・組織のニーズ（財政、貢献、相乗効果、成長）を満たしている。

このような要素を持つビジョン（ミッション）があれば、あなたのチームは目的に向かって、信じられないような相乗効果を発揮し、思いもよらぬ解決策や結果がもたらされることでしょう。

もうお気づきだと思いますが、チームでのビジョンづくりと相乗効果を発揮するプロセスはほとんど同じものなのです。

大きな「YES」とは、「自分はこれをやる」という強い意志です。その「大きなYES」があるからこそ、些細なことや過剰なことに対して「NO」ということができる。そのような心から湧き起こる肯定的でパワフルな意志をいいます。

偉大なる相乗効果　～アメリカ合衆国議員制度

組織やシステムが大きくなればなるほど、相乗効果を生み出していくプロセスは複雑で困難な道のりになります。

アメリカ合衆国で議会制度が生まれたときの事例は、まさに国家規模の相乗効果の素晴らしい事例だといえるでしょう。

アメリカ合衆国の建国者たちが、政府のシステムをつくり上げようとしたときの話です。

ウィリアム・パターソンが提唱したニュージャージー案は、人口とは無関係に、各州に同数の代議員を割り当てるべきだというものでした。この案は小さな州に有利な案でした。

それに対し、ジェームス・マディソン（後の第四代大統領）には別の考えがありました。これはヴァージニア案と呼ばれ、人口の多い州により多くの代議員を割り当てるというものです。この案は大きな州に有利でした。

何週間かの議論を経て、やがて彼らは双方が納得できる結論にたどり着きました。連邦議会を二院制にすることで、合意したのです。

上院には、各州が人口に関係なく、それぞれ二名の議員を送り出し、下院では、各州が人口に比例した議員数を確保するという制度です。


この歴史に残る名高い結論は「偉大なる妥協」と呼ばれていますが、実際には「偉大なる相乗効果」と呼んでもよいのではないでしょうか。なぜなら、双方が相手の主張にも一理あることを認め、真摯に受け止めて検討した結果、どちらにも納得できる成果を得たからです。このシステムはどちらの原案よりも優れていることが実証されています。

この例からもわかるように、偉大な「第三案」は必ず存在するものなのです。


建国当時のアメリカでは、それぞれ個性の違う植民地が代表を出して議会をつくるところから出発しました。1787年、イギリスとの独立戦争など対外的な理由からも、議会の規約を見直すため、フィラデルフィア会議が開催され、連邦主義、三権分立主義、民主主義を柱としたアメリカ合衆国憲法が制定されたのです。

家族のミッション・ステートメントの力

ビジネスだけでなく、家族においても相乗効果を発揮することはできます。

そのとき、大きな力になってくれるのが、家族のミッション・ステートメントづくりです。

この事例は、家族でビジョンを共有することで、素晴らしいパワーをもたらした感動的なストーリーです。

だいぶ前に、父親としての自分を振り返り、子どもにどう思われたいのか考えて、夏休みを計画する際にビジョンの持つ力を家族に適用してみることにしました。

そこで、休暇前にミッション・ステートメントをつくり、自分たちを「スミス・チーム」と名づけたんです。それは旅行の心構えを一言で表すものでした。

最も身近で、最も小さくて、最も大切な組織。それが家族です。

この「スミス・チーム」をつくり上げるために、家族全員がそれぞれ役目を引き受けました。六歳の娘はチアリーダー。彼女の目的は家族の衝突をなくすことです。彼女はかけ声を決め、車の中で何かトラブルがあると、すぐに「スミス！　スミス！　旅に出る！　みんなでいればすべてよし！」とかけ声をかけました。

気分が乗らないときでも、チアリーダーの彼女がこのかけ声を発したら、皆で一緒に声を揃えていうことに決めました。この決まりは決して破ってはいけないのです。そして、実際にそのかけ声はいつも一瞬にしていやな雰囲気を吹き飛ばしてくれました。

みんなでお揃いのTシャツを着ました。ガソリンスタンドで全員が車から降りると、そこのスタッフが目を丸くして、「何かのチームみたいですね」といいました。

その瞬間、本当に「スミス・チーム」が誕生したのです。

皆で笑い合って、最高の気分でした。車に乗り、窓を開け、ラジオのボリュームを上げて、アイスクリームを食べました。そう、我々はチーム、

家族旅行や休日の過ごし方など、妥協だと考えている人は少なくありません。あなたの家族でみんなが満足するような家族イベントを考えてみましょう。

我々は家族なんだ！

この楽しい休暇が終わって三ヵ月後、三歳の息子が突如、白血病と診断されました。それからの数ヵ月は大変でした。

興味深いことに、息子が化学療法を受けに行くとき、「チームのTシャツを着てもいい？」と聞いてきました。

おそらくあのTシャツは、彼にとって、家族との連帯感を深め、皆の支えを感じ、一緒に過ごした素晴らしい時間を思い出すものだったのでしょう。

六回目の治療のとき、容態が急変し、二週間集中治療室に入ることになりました。かなり深刻な状態でしたが、何とか乗り越えることができました。

その間、息子はずっとあのTシャツを着ていました。それにはたくさんの嘔吐《おうと》の跡、幼い彼の血と涙が染みついていました。

やがて退院の日、家族全員が「スミス・チーム」のTシャツを着て、お祝いしました。

休暇のときに感じたあの感覚を、誰もが皆、味わいたかったのだと思います。

「スミス・チーム」というビジョンは、家族が直面した最大の危機を乗り越える力の源になったのです。

危機を乗り越える力――これこそが家族のミッション・ステートメントの力です。

共有のビジョンをつくるプロセスは、深い相互関係と結束感につながり、日々の障害を乗り越える大きな「ＹＥＳ！」を生み出すのです。

これは過去のシナリオを書き直す力であり、現在、私たちが背負っているトラウマを捨てる力となるものなのです。

ミッション・ステートメントとは、あなたの個人的な憲法であり、信条、信念ともいえます。自分はどうなりたいのか、何をしたいのか、何を基盤として生きていくのかを文章で記したものです。

国の憲法が、他の法律を制定する基準となり、国民の権利と責任を定義することで、国の行く末を示してくれるように、ミッション・ステートメントは個人の人生に揺るぎない方向性と安定性を与えてくれます。

家族における相乗効果 ～父親コーチ

もう一つのストーリーを紹介しましょう。この話は、目標や期待感を見直すことが、スポーツにおける見事な「第三案」をつくり出し、相乗効果に役立った例です。

私は子どもたちが小さい頃、よく仕事で出張に行っていました。そんな中、一番下の息子が五年生のとき、息子が所属する地域のバスケットボールチームでボランティアのコーチを務めることを決め、仕事がどんなに忙しくても続けようと決意しました。

私は、大学時代はバスケットボールの選手で、高校チームのコーチを数年間務めたり、ヨーロッパのオリンピック出場チームのコーチも務めた経験がありました。ですから、自分は子どもたちを鍛えて強いチームをつくり上げられるだろうと自信を持っていました。

私にとってスポーツとは勝つためにするものであり、三人の息子にもそう教えてきました。息子たちは皆、優れたスポーツマンでした。中でも、三男のジェイソンには特別な才能があり、私がコーチをすれば、その才能はさらに輝くはずでした。以前からジェイソンは別の優秀なチームの選手でしたが、この新しいチームには希望と刺激があると考え、私は息子を移籍させました。

そうして、夢と自信を持って初めての練習を行いました。ところが、練習を終えた私は、打ちのめされて帰宅しました。子どもたちのプレーはとんでもなくお粗末だったのです！　三人の選手には多少なりとも上達する可能性がありましたが、残りの選手は鈍くて不器用な子どもたちばかりでした。投げられたボールを受け止めることもできないのです。練習は毎回悪夢のようで、私は自分の息子をこんなに弱小チームに移籍させたことをひどく後悔していました。

結局、息子を含めた三人のよい選手を試合中ずっと使い続けなければ完敗することだけがわかり、「自分の息子のチャンスを増やすためにコーチをしているだけじゃないか」という声も聞こえてきました。本当に不

みんなが協力して相乗効果を発揮するための最も大切なことの一つは、みんなが願う最終的な目的とは何かを考えることです。人はどうしても現在行っているシステムや手段にこだわってしまうものです。目指すのは手段ではありません。

安になり、何とかしなければといつも考えていました。

そこで、勝利という観念を捨て、このシーズンを全く違った意味を持つものにしようと決めました。チームの子どもたちと親たちを同時に集め、才能に関係なく全員に平等にプレーする時間を割り当てるつもりだと伝えました。そして全員に、何を求めているのか、このシーズンから何を得たいと思っているのかを尋ねました。

また、親たちには、それぞれの子どもたちが上達し、自信をつけるために私に何ができると思うか尋ねました。そして私が、子どもたちのコーチとして親たちに何を求めているかを話しました。私の決断に非常に驚いた親たちは、できる限りの協力をしたいと思ってくれたようでした。

そうして、これまでとは180度違う考え方に基づいて練習をし、試合に臨みました。スポーツを通じて楽しむという素晴らしい体験を積むことができました。また、このように親たちがかかわりを持ってくれたのは、私がこれまでコーチとして務めてきた中でも初めての経験でした。

子どもたちのプレーはやはりお粗末なものでした。しかし、本人たちはそう思ってはいないようで、夢中になってプレーしていました。成績など関係ないと思っていた私たちはスコアを記録するのをやめ、ただバスケットボールを楽しみました。

それは私たちにとってとても気分のよいものでした。3人の才能ある選手たちはこの方法に当初疑問を持っていたようですが、流れに身を任せるということをすぐに学んでくれました。

シーズンが終わる頃、10歳だった息子がこういいました。

「あのね、父さん。このチームは強くはなかったけど、子どもたちはみんな父さんのことが大好きで、上手な選手たちと同じくらいプレーをさせてもらったのは初めてだといっていたよ。みんなが公平だっていっているよ。だから、これでよかったんだよね。来年も父さんがコーチをしてくれるのかって、みんなが聞いてきたよ」

子どもたちも、親たちも、楽しくスポーツがしたいと願っていたはずです。この父親も、スポーツを通じて大切なことを教えたかったはずです。みんなが願いを叶えたのです。

障害を乗り越える

皆で協力し合い、これまでにない「第三案」を生み出すのは、並大抵のことではありません。

意見の違う人が集まっているのですから、衝突や議論は常に起こりますすし、すぐに解決策が出ることは少ないでしょう。そして、さまざまなコミュニケーションの落とし穴が待っています。

特に心して乗り越えなければならないのが、相乗効果を妨げる障壁です。これまでの経験で、せっかくいい解決策が見つかりそうだったのに、否定されたり、落ち度を指摘されたりして、うまくいかなかったときのことを思い出してみましょう。

・気に障る人やイライラする人は誰ですか?
・その人たちのどんな行為にイライラさせられますか?

さらに、以下のそれぞれについても考えてみましょう。

・どのような点が問題ですか?
・人格の問題(誠実さや自制の欠如)ですか?
・能力の問題(仕事ができない)ですか?
・文化的な問題ですか?
・性格の問題ですか?
・個人的に気に食わないだけですか?

その問題が直接コントロールできるのか、間接的にコントロールできるのか、あるいはコントロールできないのか確認しましょう。

・直接コントロールできることには、すぐに対応し、改善する。
・間接的にコントロールできることがあれば、影響力を持つ人の協力を仰ぎ、結果はすべて受け入れる。
・コントロールできないことは、すべて受け入れる。

あなたがコントロールできることはすべて行い、できないことは受け入れましょう。コントロールできないことにいくらエネルギーを注いでも、何も得ることはできないのですから。

協力し合った、相乗効果への道のりは厳しいものです。さまざまな障害が待ち受けています。そのときの対応が、またあなたを進歩させるのです。

相乗効果に至るアクションプラン

相違点は弱みではなく強みであるという考え方を理解することができれば、より優れた方法、つまり第三案を見つけ出し、相乗効果を発揮する準備ができたといえます。

しかし、いきなり第三案が生まれるわけではありません。何ごとにもプロセスが必要なのです。以下に紹介するステップはあくまで参考ですが、最初はこのステップで進めてみてください。

【相乗効果に至るアクションプラン】

1 問題あるいは時期をはっきりさせる

まずは、自分たちがどういう課題を持って、どんな問題をいつまでに解決しなければならないかを決めます。

2 相手の道（まず相手の考えを理解する）

本シリーズ「理解する力」（第五の習慣）で学んだ、話を「聴く」

これも最初は難しいかもしれません。しかし、少しずつ、一つずつ着実にアクションを起こしてください。きっと何かが生まれます。

スキルを使って、相手の意見、主張を十分に理解します。

3 私の道（自分の考えを伝えることで、理解してもらうよう努める）

今度は勇気を出して、自分の意見を伝えましょう。相手の話を「聴く」ことができたのなら、相手もきちんと聞いてくれるでしょう。

4 ブレーンストーミング（新しい選択肢とアイデアを生み出す）

奇跡が起こるのはここです。想像力を駆使し、一人では絶対に思いつかないようなアイデアをみんなで考え出しましょう。他人のアイデアに対して決して批判せず、ニュートラルかつクリエイティブな姿勢で前進しましょう。一つアイデアが出れば、後はどんどん出てきますので、あきらめずにやりましょう。

5 よりよい道（ベスト・ソリューション：最善の解決策を見つけ出す）

最良のアイデアを採用し、後はひたすら実行するだけです。

効果的に話を「聴く」スキルには次の三つがあります。

1「目と胸と耳で聴く」。相手がいわんとしていることを知るには、言葉には出てこない心の声を聞き取る努力が必要です。

2「相手の靴を履く」。相手の立場に立って、その人がどんな風に世界を見、感じているかを理解しようとする姿勢です。

3「ミラーリング」。他人がいうこと、感じていることを自分の言葉で繰り返すことです。同じ言葉をおうむ返しに繰り返すのではなく、必ず「あなたの言葉で意味を繰り返す」ことが大切です。

アクションプランを立てる

協力し、相乗効果を発揮する考え方、方法を学んだならば、後は実践に移すのみです。あなたの仕事の中で、さっそく相乗効果を発揮するための計画を立ててみましょう。

最初は、前述の「相乗効果に至るアクションプラン」を使うといいでしょう。

まず、達成したい課題やテーマを決め、手帳かノートに記入します。あなたが普段から何とかしたいと考えていたことがあれば、それをテーマ、課題にするといいでしょう。同時に実行のスケジュールを決めます。いつブレーンストーミングを行い、いつまでに結果を出すのかを具体的に決めましょう。

あなたが営業マンならば、商品開発やマーケティングのメンバーとやってみるのも面白い経験になるはずです。

たとえば、あなたにはどうしても実現したいプロモーションのアイデアがあるとします。ところが、マーケティングのスタッフは、「経費もかかるし、一社相手に特別なことをするわけにいかない」といっています。よくあるケースです。そうすると、ここでの課題は「A社への売り上げを上げるための、経費のかからないプロモーションプラン」といった感じのものになるはずです。

さて、あなたはどうすればよいのでしょうか。

最も適切なのは、マーケティング担当者のところに行き、「まずはあなたの意見を聞かせてくれませんか？」とお願いすることです。

最初は相手も驚き、警戒するかもしれません。でも、あなたが、「協力し合って売り上げを上げる企画案をつくりたい」という思いを持って、真摯な態度をとり続ければ、やがて信頼関係に基づいたコミュニケーションが可能になるでしょう。

何度もブレーンストーミングを行い、アイデアが出るまで根気よく続けてください。ブレークスルーの鍵は熱意と情熱です！

かしこまったミーティングや打ち合わせばかりが相乗効果を生み出すものではありません。電車の中での会話や昼食中の会話など、どこでアイデアが生まれるのかはわかりません。大切なことは「何かを生み出す」気持ちを持ち続けることです。

最後に

第六の習慣は、創造的な協力をする習慣です。それは原則中心リーダーシップの本質です。「相乗効果を発揮する」とは、相違点を賞賛し、チームワークを大切にし、頭を柔らかく保ち、皆と協力し合って、新しくよりよい方法を見つけ出すこと。一人ならば生み出せなかったことが、互いに手を携えれば生み出せるということです。

とはいえ、それは偶然に起こるわけではありません。すべては一つのプロセスにすぎず、そのプロセスを通ることで、新たな代案、つまり、これまで存在しなかった選択肢が生まれます。

真に影響を与え合い、互いの影響を受け入れ始めたとき、人は新たな洞察を得ます。新しいアプローチ、つまり第三案を打ち出す可能性は、相違点があるからこそ飛躍的に大きくなります

これまで誰も思いつかなかったようなアイデアを編み出すことは、とても苦しく、困難な道のりです。自分とは異なる思考やセン

「原則中心リーダーシップ」とは、個々の価値観を超えて、誰もが共通して持っている普遍的なルール、すなわち「原則」を視点の中心に据えながら、「自分（たち）はどこへ行くのか」「いかにあるべきか」を考え、行動することをいいます。

スの持ち主たちと意見を出し合う中では、多くの障害や腹立たしい局面に会う機会も少なくないことでしょう。

しかし、相手の気に障る面は、どれも自分自身の理解につながります。最も腹立たしい相手は、ほとんどの場合、自分の最高の教師になります。その人になぜそんなに腹が立つのかを考えることが、自分自身を深く理解することにつながるからです。

自分自身がよく理解できると、以前よりも楽に周囲の意見に耳を傾けられるようになります。常に相手の立場に立って考える姿勢を身につけましょう。あなたが固執する〝真実〟のほとんどは、一つの考え方、つまり、「あなたの考え方」がもたらす結果にすぎない、ということを認めましょう。


「知性が増すにつれ、人それぞれの個性をより多く見いだすようになる。凡人は人それぞれの違いがわからない」

ブレーズ・パスカル

一緒になることは始まりであり、一緒に続けることは進歩であり、一緒に働くことは成功なのです。

「協力する力」を身につけるための演習

一、相乗効果を発揮するための心得

・多様性を尊重しましょう。あなたと同じく、ほかの誰もが独自の感じ方、考え方をする存在なのです。
・リラックスして他の人と接しましょう。固く巻くのは時計だけにしましょう。
・同意するか否かにかかわらず、異なる意見を大切にしましょう。「マイウェイ」はフランク・シナトラに任せましょう。
・バランスを取りましょう。自分の利益ばかり考えず、ギブ・アンド・テイクの関係を築きましょう。
・新しい考えに耳を傾けましょう。頭を閉め切ってはいけません。
・信頼を築きましょう。すぐにはできませんが、その価値は最後に発揮されます。
・共通の利益を見つけて共有しましょう。自分のやり方を捨てて、知性を融合させましょう。
・ユーモアを忘れてはいけません。
・固定概念を捨てましょう。必ず間違いを犯すことになります。
・本来の自分でいましょう。説明するまでもないでしょう。

二、相違点を見出す

仕事を一緒にする人を一人想定し、あなたとの相違点を考えてみましょう。

・才能および能力（博識、積極的、芸術的、プログラマー、人材スカウト、作家など）
・経歴（教育、人種、性別、社会経済的地位、育った場所など）
・人間関係のスキル（話を聞く、コミュニケーションを取る、話をする、教える、指導する、など）
・人格の特性（ユーモアのセンスがある、正直、勤勉、自分の意見に固執する、など）
・あなたとの相違点は共通の目標を達成するために、どのように役立てられるでしょうか？

三、却下された経験

考えが却下されたことのある会議や会話を思い出して、次の質問に答えてください。

・最初にその考えを拒否したとき、あなたは何を不愉快に感じたのですか？　その考えそのものですか？　発言者ですか？　それとも、その発言の仕方でしょうか？　その考えが気に入らないのは、それがあなたの考えではないからですか？

・あなたの内なる声は何と言っていますか？「そんなのはうまくいくわけがない」「君はどうかしているよ」「前例がない」と言っていませんか？

・思い出したものが仕事（チーム）の場合、「群集心理」が作用していませんでしたか？　その集団の典型的な考え方を支持していないように思えたので、すぐさまその考えが却下されたのですか？　もしそうなら、どのように却下されましたか？

四、違いを尊重する

次の質問を読み、当てはまるかどうか、自身の生活での具体例を思い出し、考えてみましょう。

・自分や周囲の人に完璧さを要求します。
・私の考えが受け入れられないと、驚き、不快になります。
・約束をよくしますが、最後まで守ることはありません。
・本当に好きな友人や信頼している友人はあまり多くいません。
・気を遣った言い回しにはうんざりしています。すべての人を好きになる必要はないと思っています。
・ほかの人から意見をもらっても、ありがたいとは思いません。
・変化は好きではありません。
・仕事はグループでするより一人でするほうがはかどります。
・外面的な姿と異なる状態の自分を人に見られるのはいやです。

大半があてはまるなら、消極性を断ち切って、限られた自分の殻から脱却しましょう。自分自身を知るために、ほかの人の生活や行動を理解し、尊重する必要があります。

五、相乗効果の源

相乗効果を妨げる障壁があるとわかっている場合、どのように解決しますか？　次の問いに答えながら、どの程度相乗効果の源を利用しているのか検証しましょう。１から５のうちもっとも近い数字を選び、それぞれの数字を足して得点を出しましょう。

	まったくない		ときどき		いつも
1. 相手の考えに異議を唱え、あれこれ質問します。	1	2	3	4	5
2. 自分がコミュニケーションをする際は正直で誠実です。	1	2	3	4	5
3. 約束を守ります。	1	2	3	4	5
4. ストレスの多い状況でも冷静さを保ちます。	1	2	3	4	5
5. 気持ちをはっきり伝えます。	1	2	3	4	5
6. 相手に対して現実的な期待を抱きます。	1	2	3	4	5
7. 信頼と成功を相手と分かち合います。	1	2	3	4	5
8. 意見の相違を評価し、理解しようと真摯に努力します。	1	2	3	4	5
9. 誇張することなく、事実を議論します。	1	2	3	4	5
10. 物事がうまく進まなかった場合は責任を負います。	1	2	3	4	5

得点
45点から50点：すばらしい成績です! あなたは相乗効果を発揮する達人です。
23点から44点：正しい軌道に乗っています。相乗効果を発揮し続けましょう。
11点から22点：あなたはもっと相乗効果を発揮する必要があります。

六、第三案を見出す

相乗効果がいっそう発揮される結果を目指して取り組みたいと思う、人間関係や問題をひとつ挙げてください。第三案を打ち出す五段階の作業を進めていきましょう。

取り組みたい問題：

第一ステップ：問題や機会を定義する。
第二ステップ：相手の考えを理解する。
第三ステップ：私の考え、意志を伝える。
第四ステップ：一緒にブレーンストーミングをする。
第五ステップ：協力して最善の解決策を探し出す。

このステップを進めた場合、以前なら取ったと思われる対応がこのアプローチとどのような点で違ったか考えてみましょう。この新しいアプローチをどのように感じましたか？　難しかったですか？　今後も確実にこのアプローチを取り続けるには、どういったステップを踏めばよいでしょう？

七、コントロールできること

気に障る人やイライラする人がいる、とこれまで思ったことはありますか？　それは誰ですか？　その人たちのどんな行為にイライラさせられますか？

人：

行為：

それはどのような点が問題ですか？　人格の問題（誠実さや自制の欠如）ですか？　能力の問題（仕事ができない）ですか？　文化的な問題ですか？　性格の問題ですか？　個人的に気にくわないだけですか？　直接コントロールできるのか、間接的にコントロールできるのか、あるいはコントロールできないのか確認しましょう。相乗効果をもたらすには、それぞれどのようにすればよいでしょうか。

直接コントロールできる問題：

間接コントロールできる問題：

コントロール不可能な問題：

「7つの習慣」クイックマスター・シリーズ
協力する力

2009年2月25日　初版第一刷発行

編著者	フランクリン・コヴィー・ジャパン
装　丁	池田幹史
発行者	竹村富士徳
発行所	キングベアー出版
	〒102-0083　東京都千代田区麹町3-3　丸増麹町ビル7階
	電話：03-3264-7403（代表）
	URL：http://www.franklincovey.co.jp/
	e-Mail：planner@franklincovey.co.jp
印刷・製本	大日本印刷株式会社

ISBN978-4-906638-98-7